BEI GRIN MACHT SICH IHR WISSEN BEZAHLT

- Wir veröffentlichen Ihre Hausarbeit, Bachelor- und Masterarbeit

- Ihr eigenes eBook und Buch - weltweit in allen wichtigen Shops

- Verdienen Sie an jedem Verkauf

Jetzt bei www.GRIN.com hochladen und kostenlos publizieren

Bibliografische Information der Deutschen Nationalbibliothek:

Die Deutsche Bibliothek verzeichnet diese Publikation in der Deutschen Nationalbibliografie; detaillierte bibliografische Daten sind im Internet über http://dnb.d-nb.de/ abrufbar.

Dieses Werk sowie alle darin enthaltenen einzelnen Beiträge und Abbildungen sind urheberrechtlich geschützt. Jede Verwertung, die nicht ausdrücklich vom Urheberrechtsschutz zugelassen ist, bedarf der vorherigen Zustimmung des Verlages. Das gilt insbesondere für Vervielfältigungen, Bearbeitungen, Übersetzungen, Mikroverfilmungen, Auswertungen durch Datenbanken und für die Einspeicherung und Verarbeitung in elektronische Systeme. Alle Rechte, auch die des auszugsweisen Nachdrucks, der fotomechanischen Wiedergabe (einschließlich Mikrokopie) sowie der Auswertung durch Datenbanken oder ähnliche Einrichtungen, vorbehalten.

Impressum:

Copyright © 2017 GRIN Verlag, Open Publishing GmbH
Druck und Bindung: Books on Demand GmbH, Norderstedt Germany
ISBN: 9783668618992

Dieses Buch bei GRIN:

https://www.grin.com/document/387978

Marvin Block

Antisemitismus linker Parteien der Weimarer Republik

GRIN Verlag

GRIN - Your knowledge has value

Der GRIN Verlag publiziert seit 1998 wissenschaftliche Arbeiten von Studenten, Hochschullehrern und anderen Akademikern als eBook und gedrucktes Buch. Die Verlagswebsite www.grin.com ist die ideale Plattform zur Veröffentlichung von Hausarbeiten, Abschlussarbeiten, wissenschaftlichen Aufsätzen, Dissertationen und Fachbüchern.

Besuchen Sie uns im Internet:

http://www.grin.com/

http://www.facebook.com/grincom

http://www.twitter.com/grin_com

Inhaltsverzeichnis

Einleitung 3

Interpretation eines Nationalsozialistischen Wahlplakates mit antisemitischer Darstellung nach Panofsky 3

Kommunistische Partei Deutschlands 5

    Die Rote Fahne zur Judenfrage 5

    Antisemitismus in der KPD 7

        Paul Levi und Rosa Luxemburg - Jüdische Gründer der KPD 8

Antisemitismus in der SPD 8

Fazit zum Antisemitismus in politisch linksorientierten Parteien 9

Literaturverzeichnis 11

Abbildungsverzeichnis 11

Einleitung

Meine Hausarbeit behandelt das Thema, inwiefern in linken Parteien der Antisemitismus benutzt wurde und ob damit auch Wahlkampf im Jahr 1924 gemacht wurde. Hierbei werde ich zuerst das bekannte nationalsozialistische Wahlplakat „Der Drahtzieher, ein Jude"[1] des Völkischen Blocks aus dem Jahr 1924 mit Hilfe des Interpretationsmodells nach Panofsky bearbeiten. Außerdem beschreibe ich dabei, wodurch sich diese Fragestellung ergeben hat. Im Folgenden untersuche ich dann die Kommunistische Partei Deutschlands und deren Zeitung ‚Die Rote Fahne' auf antisemitische Aussagen. Danach gehe ich auf Aussagen von Politikern der KPD ein. Als nächstes werde ich kurz die Sozialdemokratische Zeitung ‚Vorwärts' und einen Sozialdemokratischen Politiker auf antisemitische Aussagen untersuchen und ein Fazit ziehen, in dem ich die Frage beantworte.

Interpretation eines Nationalsozialistischen Wahlplakates mit antisemitischer Darstellung nach Panofsky

Das von mir behandelte Plakat „Der Drahtzieher, ein Jude" stammt aus dem Jahr 1924. Auf dem Bild sieht man einen überdimensional groß dargestellten Mann. Er hat einen dicken Bauch. Außerdem trägt der Mann einen weißen Anzug mit grauem Jackett und eine schwarze Krawatte. An seinem Anzug ist, mit Hilfe einer Kette, ein Judenstern auf Bauchhöhe befestigt. Des Weiteren trägt er einen schwarzen Hut. Sein alt aussehendes Gesicht hat eine große, krumme Nase. Um den Mann herum sind viele Menschen. Die Köpfe der Menschen sind in etwa auf Kniehöhe des groß dargestellten Mannes. Der Mann hält unzählige Marionettenfäden in der Hosentasche fest. Diese Marionettenfäden sind mit den Menschen verbunden. Im Hintergrund sieht man Industriegebäude, welche schwarz dargestellt sind, mit neun schwarzen Schornsteinen. Aus diesen Schornsteinen kommt grauschwarz dargestellter Rauch, der in den rot gefärbten Himmel aufsteigt.

Historisch betrachtet war die Weimarer Republik 1924 in einer wirtschaftlichen Stabilisierungsphase. Allerdings deutet die Tatsache, dass im Jahr 1924 zwei Wahlen in der

---

[1] Völkisch- Sozialer Block, Der Drahtzieher- ein Jude, 1924, Stiftung Schloß Friedenstein Gotha: Museum für Regionalgeschichte und Volkskunde Schloß Friedenstein, http://www.museum-digital.de/thue/singleimage.php?objektnum=1588&imagenr=2302, 14.03.2017, 23:10

Weimarer Republik stattfanden darauf hin, dass die politische Lage angespannt war. Hierbei kann man aber sagen, dass „sich die innenpolitische Lage [beruhigte], während Kunst und Kultur eine Blütezeit erlebten."²

Der große Mann wird auf dem Plakat als Drahtzieher bezeichnet. Unter dem Bild werden Kopf- und Handarbeiter dazu aufgefordert, den Völkischen Block zu wählen. Im Völkischen Block ist unter anderem die zu dem Zeitpunkt verbotene Nationalsozialistische Deutsche Arbeiterpartei aktiv. Der Schriftzug des ‚Völkischen Block' ist schwarz in einem roten Kasten. Rechts und links davon ist jeweils ein Hakenkreuz in schwarz.

Es ist offensichtlich, dass der überdimensional dargestellte Mann einen Juden darstellen sein soll. Nicht nur der Judenstern belegt diese These. Auch der dicke Bauch deutet auf eine antisemitische Darstellung hin. Hinzuzufügen ist, dass das Tragen eines Anzugs auf einen Geschäftsmann hinweisen soll. Jüdische Geschäftsmänner sollen sehr wohlhabend sein. Dies soll neben dem Anzug auch der dicke Bauch verdeutlichen. Aufgrund dessen werden sie von Nationalsozialisten zu den Feinden der Arbeiter verklärt. Bei den aufgeforderten Kopf- und Handarbeitern handelt es sich um Intellektuelle und Arbeiter. Für beide Gruppen soll der Jude als Feindbild inszeniert werden. Sein Blick ist gegenüber den Menschen erhaben. Er hat die Masse an Arbeitern und auch die Industrie im Blick. Des Weiteren kann er die Arbeiter mit Hilfe der Marionettenfäden kontrollieren und steuern. Ein weiterer Beleg dafür, dass es sich um ein antisemitisches Bild eines Juden handelt, ist die so genannte ‚Judennase'. Diese ist besonders groß und krumm oder buckelig. Die Darstellung einer jüdischen Nase in dieser Form ist schon ein sehr altes Phänomen und wurde von den Nationalsozialisten als Symbol weiterverwendet.

Der rot dargestellte Himmel kann darauf hinweisen, dass es sich bei dem bis in den Himmel ragenden Juden um eine Gefahr handelt. Die Farbe Rot steht unter anderem für Gefahr und wird hier nicht zufällig als Farbe für den Himmel gewählt sein. Sein Blick, welcher der Masse gegenüber erhaben ist, ist in diesem Zusammenhang als Beweis dafür anzusehen, dass der Jude die Masse an Menschen im Blick hat, sie mit Hilfe der Marionettenfäden kontrollieren kann aber niemals den Menschen dienen würde. Auch damit wird versucht, ihn als Feind des Volkes darzustellen. Er soll als wohlhabender, aber gieriger Mann dargestellt werden. Sein

---

² Reinhard Sturm, Zwischen Festigung und Gefährdung 1924-1929, 2011, http://www.bpb.de/geschichte/nationalsozialismus/dossier-nationalsozialismus/39534/zwischen-festigung-und-gefaehrdung-1924-1929, 14.03.2017, 23:02

gut sitzender Anzug mit Jackett zeigt, dass er nicht verarmt war. Sein dicker Bauch bestätigt dies und ebenso auch seine Gier. Auch damit wurde versucht zu zeigen, dass es sich bei Juden um Feinde der Republik und des Volkes handelt. Hierzu gilt es zu sagen, dass der Jude aber scheinbar die Kontrolle über die Menschen innehat.

Bei diesem Plakat handelt es sich um ein bekanntes Beispiel von einem antisemitischen Plakat. Es ist ein Plakat von Nationalsozialisten. Diese sind bekannt für ihr antisemitisches Gedankengut. Dies wirft bei mir die Frage auf, ob es auch antisemitisches Gedankengut in den linksorientierten oder gar antifaschistisch-kommunistischen Parteien bis zum Wahljahr 1924 gab.

Kommunistische Partei Deutschlands

Die Kommunistische Partei Deutschlands (KPD) ist eine, „als Abspaltung von der SPD gegründete radikale Partei, die eine proletarische Revolution anstrebte."[3] Sie wurde am 31.12.1918/01.01.1919 von der Jüdin Rosa Luxemburg, Paul Levi und Karl Liebknecht gegründet. Im Jahr 1956 „stellte [...] das Bundesverfassungsgericht fest, dass die Ziele der KPD unvereinbar mit der freiheitlichen demokratischen Grundordnung sind, die Partei also verfassungswidrig und damit verboten ist."[4] Die KPD war eine antikapitalistische Partei.

Die Rote Fahne zur Judenfrage

Die zur Zeit der Weimarer Republik erschienene parteinahe Zeitung nannte sich ‚Die Rote Fahne'. In der täglich erschienenen Zeitung finden sich viele Berichte, die die Attitüde der Partei zur so genannten ‚Judenfrage' verdeutlicht. Grundlegend verstand die KPD „kapitalistische Machtverhältnisse [...] nicht als eine strukturelle Macht, sondern als offene Herrschaftsform des ‚Kapitals' über Arbeiterinnen und Arbeiter."[5] Damit wird deutlich, dass die KPD „den ‚Arbeitern' generell eine kommunistische Haltung unterstellt."[6] Falls Arbeiter und Arbeiterinnen nicht nach kommunistischen Vorstellungen handelten, so wurden sie als „käuflich, ehrlich, bestechbar - wie ‚Judas'"[7] diffamiert. Hierbei handelt es sich bereits um

---

[3] Eckart Turich, KPD, 2011, http://www.bpb.de/nachschlagen/lexika/pocket-politik/16470/kpd, 14.03.2017, 22:56.
[4] Ebd. 14.03.2017, 22:56.
[5] Olaf Kistenmacher, Vom ‚Judas' zum ‚Judenkapital', in: Matthias Brosch (Hg.), Michael Elm (Hg.), Brigitta E Simbürger (Hg.), Norman Geißler (Hg.), Oliver von Wrochem (Hg.), Exklusive Solidarität: Linker Antisemitismus in Deutschland. Vom Idealismus zur Antiglobalisierungsbewegung, Berlin, 2007, S.76.
[6] Ebd. S. 76.
[7] Olaf Kistenmacher, Vom ‚Judas' zum ‚Judenkapital', in: Matthias Brosch (Hg.), Michael Elm (Hg.), Norman Geißler (Hg.), Brigitta E Simbürger (Hg.), Oliver von Wrochem (Hg.), Exklusive Solidarität: Linker Antisemitismus in Deutschland. Vom Idealismus zur Antiglobalisierungsbewegung, Berlin, 2007, S.76.

eine antisemitische Aussage. Allerdings „muss berücksichtigt werden, in welcher historischen Situation Ausdrücke aus dem Judenfeindlichen Diskurs [...] benutzt werden."[8] Als das Berliner Scheunenviertel durchsucht wurde und dabei „ungefähr 300 Jüdinnen und Juden aus diesem Viertel mit anderen ‚Ausländer[n]' in ‚Konzentrationslagern' kaserniert"[9] wurden, solidarisierte sich die Rote Fahne mit eben diesen. Insgesamt machte die Rote Fahne „die Kapitalisten zum Feindbild, indem sie Großkapitalisten [...] zu ‚Ausländern' machte und explizit als zur Nation nicht zugehörig erklärte."[10] Hierbei wird deutlich, dass auch die Kommunisten „nicht für eine internationale Solidarität standen, sondern für das Nationale, die Nation."[11]

Besonders hervorzuheben ist auch die Behauptung der Roten Fahne, Nationalsozialisten und Juden gehören zusammen. Hiermit meinten sie, dass „hinter den Nazis das ‚Jüdische Kapital' stecken würde und dass der Antisemitismus der NSDAP dementsprechend nicht ernst gemeint"[12] sei. Hierbei ist die Karikatur „Deutschlands Weg" aus der Roten Fahne relevant. Die KPD gab vor, „den Antisemitismus der Nationalsozialisten zu kritisieren, reproduzierte [aber] in ihrer vermeintlichen Kritik nicht nur die vorhandenen rassistischen Stereotype vom ‚jüdischen' Aussehen, sondern gab ‚den Juden' auch noch Schuld an dem Erstarken der nationalsozialistischen Bewegung."[13] Hierbei kam es zur „Personifikation des Kapitalismus mit ‚den Juden'".[14] Dies wurde in einen Zusammenhang mit dem aufkommendem Nationalsozialismus gebracht, weil man den Kapitalismus „vor allem als offene Herrschaft darstellte, [daher] musste der Natio-nalsozialismus nicht nur Folge des Kapitalismus, sondern Folge der direkten Einwirkung von ‚Kapitalisten' sein".[15] Damit meinte man die „jüdischen Großindustriellen."[16] In der Konsequenz solidarisierte sich die Rote Fahne nach ihrer Karikatur auch nicht mit den Juden sondern behauptete, sie seien „an dieser Entwicklung [...] selbst schuld."[17] Hierbei kommt man zu dem Ergebnis, dass die „Kommunisten und Kommunistinnen der Weimarer Republik [...] erkennen [sollten], dass es für sie zwei Feinde gab: die Nationalsozialisten und ‚jüdische Großindustrieelle".[18] Des Weiteren veröffentlichte

---

[8] Ebd. S. 76.
[9] Ebd. S. 76.
[10] Ebd. S. 77.
[11] Ebd. S. 77.
[12] Ebd. S. 83.
[13] Ebd. S. 83.
[14] Ebd. S. 84.
[15] Ebd. S. 84.
[16] Ebd. S. 84
[17] Ebd. S. 84
[18] Olaf Kistenmacher, Vom ‚Judas' zum ‚Judenkapital', in: Matthias Brosch (Hg.), Michael Elm (Hg.), Norman Geißler (Hg.), Brigitta E Simbürger (Hg.), Oliver von Wrochem (Hg.), Exklusive Solidarität: Linker

die Rote Fahne „zwei Beiträge des völkischen Nationalisten Ernst Graf Reventlow",[19] worauf eine „Reihe von Versammlungen [folgten], auf denen kommunistische und völkische Redner auftraten."[20] Auch wurde behauptet, dass die Juden „von der Inflation 1923 ausgenommen [seien] und [...] so viel Geld"[21] haben, sodass sie „zu jedem Preis das Vieh aufkaufen, während die Stuttgarter-Metzger wieder leer abziehen müssen, weil sie einfach nicht so viel Geld haben."[22] Allerdings muss man dazu sagen, wenn die Juden „wirklich zu ‚jedem Preis' gekauft [hätten], hätten sie nicht nur wirtschaftlich widersinnig gehandelt, sondern zumindest den nichtjüdischen, deutschen Bauernstand saniert."[23]

Antisemitismus in der KPD

Auch Politiker äußerten sich antisemitisch. In einer Rede vor Studenten sagte Ruth Fischer, „Wer gegen das Judenkapital aufruft, meine Herren, ist schon Klassenkämpfer, auch wenn er es nicht weiß. Sie sind gegen das Judenkapital und wollen die Börsenjobber niederkämpfen. Recht so. Tretet die Judenkapitalisten nieder, hängt sie an die Laterne, Zertrampelt sie."[24] Die „SPD Zeitung ‚Vorwärts' [titelte daraufhin] ‚Ruth Fischer als Antisemitin'"[25], woraufhin die Rote Fahne allerdings „keinen Bericht, aber auch kein Dementi"[26] brachte. Es gilt allerdings darauf zu verweisen, dass es keine ‚jüdische Frage' innerhalb der KPD"[27] gab, die es zu beantworten galt. Allerdings mussten sich auch die Kommunisten „mit dem Antisemitismus als [eine] immer [wichtigere] Frage auseinandersetzen."[28] Anzumerken ist, dass „Bereits der [Unabhängigen Sozialdemokratischen Partei Deutschland] -Parteitag [...] dazu aufgefordert [hatte], [...] den Antisemitismus auf das schärfste zu bekämpfen"[29] und „Als im Oktober 1920 beträchtliche Teile der (USDP) -Mitgliedschaft zur KPD stießen, [...] sie diese Haltung prinzipiell"[30] beibehielten. Allerdings, „nahm die KPD den virulenten Antisemitismus als

---

Antisemitismus in Deutschland. Vom Idealismus zur Antiglobalisierungsbewegung, Berlin, 2007, S.84.

[19] Mario Kessler, Die KPD und der Antisemitismus in der Weimarer Republik, in: UTOPIE kreativ, Heft 173, 2005, S. 225.
[20] A.a.O. Kistenmacher, S. 80.
[21] Ebd. S. 80.
[22] Karl Marx, Zur Judenfrage, in ders., Die Frühschriften, Siegfried Landshut (Hg.), Stuttgart, 1971, S. 201. Abgedruckt in: Rote Fahne 61, 14.03.1923.
[23] A.a.O., Kistenmacher, S. 80.
[24] Mario Kessler, Die KPD und der Antisemitismus in der Weimarer Republik, in: UTOPIE kreativ, Heft 173, 2005, S. 226.
[25] Ebd. S. 226.
[26] Ebd. S. 226.
[27] Ebd. S. 225.
[28] Ebd. S. 225.
[29] Mario Kessler, Die KPD und der Antisemitismus in der Weimarer Republik, in: UTOPIE kreativ, Heft 173, 2005, S. 225.
[30] Ebd. S. 225.

eigenständige Größe innerhalb der deutschen Gesellschaft nur unzureichend wahr."[31] Der Redakteur der Roten Fahne und KPD-Mitglied Hermann Remmele präsentierte die Juden 1923 als „Katalysatoren der Verelendung".[32]

Paul Levi und Rosa Luxemburg - Jüdische Gründer der KPD

Paul Levi war ein Jüdischer Jurist zur Zeit der Weimarer Republik. Insgesamt „fungierte er zwei Jahre lang als erster Vorsitzender der KPD".[33] Dies ist ein Beleg dafür, dass die Partei nicht antisemitisch gewesen sein konnte. Außerdem war er, genauso wie Rosa Luxemburg ein jüdisches Gründungsmitglied. Damit wird deutlich, dass die Partei auch von ihrer noch sehr kurzen Historie keine antisemitische Vergangenheit hat, obwohl es den Antisemitismus schon lange gab.

Antisemitismus in der SPD

Die Sozialdemokraten distanzierten sich deutlich vom Antisemitismus. In der Zeitung ‚Vorwärts' genierte man sich nicht nur nicht, KPD-Politiker als Antisemiten zu bezeichnen, sondern versuchte die Arbeiter davon zu überzeugen, dass nur ein „wurzeltiefer Eingriff in die kapitalistische Ausbeutungswirtschaft [...] das deutsche Volk retten"[34] kann. Es wird darauf verwiesen, dass die Arbeiter durch die „Ausplünderung von Juden [...] der kapitalistischen Ausbeutung"[35] nicht beikommen würden. Allerdings wurde auch hier der Jude als „Ausbeuter" bezeichnet, der erst fallen würde, „wenn der Kapitalismus fällt."[36] Hinzuzufügen ist, dass versucht wird aufzuzeigen, dass die Faschisten zu „Gewalttätigkeiten aufhetzen [...] und zu Pogromen [aufpeitschen]."[37] Auch der SPD Politiker Claro Mierendorff wies darauf hin, „dass die "reinrassigen schwarz-weiß-roten Sprücheklopfer" verbal zwar "auf den Juden" einprügelten, "aber den Republikaner meinen"."[38]

---

[31] Ebd. S. 225.
[32] Olaf Kistenmacher, Vom ‚Judas' zum ‚Judenkapital', in: Matthias Brosch (Hg.), Michael Elm (Hg.), Norman Geißler (Hg.), Brigitta E Simbürger (Hg.), Oliver von Wrochem (Hg.), Exklusive Solidarität: Linker Antisemitismus in Deutschland. Vom Idealismus zur Antiglobalisierungsbewegung, Berlin, 2007, S.81.
[33] Charles Bloch, Paul Levi- Ein Symbol der Tragödie des Linkssozialismus in der Weimarer Republik, in: Juden in der Weimarer Republik, Walter Grab (Hg.), Julius Schoeps (Hg.), Stuttgart/Bonn, 1986, S. 264.
[34] A.a.O. Kistenmacher, S. 85.
[35] Ebd. S. 85.
[36] Olaf Kistenmacher, Vom ‚Judas' zum ‚Judenkapital', in: Matthias Brosch (Hg.), Michael Elm (Hg.), Norman Geißler (Hg.), Brigitta E Simbürger (Hg.), Oliver von Wrochem (Hg.), Exklusive Solidarität: Linker Antisemitismus in Deutschland. Vom Idealismus zur Antiglobalisierungsbewegung, Berlin, 2007, S.85.
[37] Ebd. S. 85.
[38] Christoph Jahr, Schleichendes Gift, 2008, http://www.spiegel.de/spiegel/spiegelspecialgeschichte/d-55573690.html , 14.03.2017, 22:53

Fazit zum Antisemitismus in politisch linksorientierten Parteien

Abschließend kann man sagen, dass der Antisemitismus auch in der linksradikalen Kommunistischen Partei Deutschlands ein Thema von besonderer Brisanz war. Zum einen gab es die Partei Zeitung ‚Die Rote Fahne', welche sich mal mehr und mal weniger deutlich antisemitisch positionierte und zum anderen gab es Ruth Fischer, die auf dem Weg zur Spitze der KPD auch auf Antisemitismus und Populismus setzte.

Die Rote Fahne versuchte mit Beiträgen von völkisch orientierten Personen Stimmen am rechtsradikalen Rand zu fischen. Hierbei gab es in den antisemitischen Aussagen der Zeitung deutliche Übereinstimmungen mit rechtsradikalem Gedankengut der Weimarer Zeit. Währenddessen wurde außerdem versucht, die Juden für den aufkommenden Nationalsozialismus in der Weimarer Republik und die damit verbundene ansteigende Häufigkeit von antisemitisch orientierten Gewalttakten selbst verantwortlich zu machen. Man unterstellte ihnen zur Stützung dieser These, dass der Kapitalismus ein „Jude" und der Nationalsozialismus eine Folge des Kapitalismus gewesen sei. Des Weiteren versuchte man nicht, antisemitische Vorwürfe gegen eigene Politiker zu dementieren. Dies verdeutlicht, dass Die Rote Fahne den Antisemitismus benutzen wollte, um Stimmen bei der Wahl im Jahr 1924 zu gewinnen. Allerdings darf man nicht unerwähnt lassen, dass es sich bei der Kommunistischen Partei um eine antikapitalistische Partei handelte. Wenn man also den Juden als Kapitalisten identifizierte, dann war der Antisemitismus nur eine logische Konsequenz.

Ruth Fischer benutzte antisemitische Hetze, um kommunistische und völkische Studenten zu beeinflussen. Dieser Populismus führte dazu, dass sie als Antisemit bezeichnet wurde. Auch dazu muss erwähnt werden, dass dieser Klassenkampf zwar gegen jüdische Kapitalisten gerichtet war, allerdings sollten auch nicht jüdische Kapitalisten bekämpft werden. Insgesamt war sie trotz dieser Rede dem Linksradikalismus zuzuordnen.

Die KPD selber versuchte, die „Judenfrage" kein Thema der Partei werden zu lassen. Vorwerfen muss man ihr allerdings, dass sie nicht immer auf gesellschaftliche Stimmungsveränderungen reagierte. Besonders erwähnenswert ist aber, dass in der KPD auch durch die hohe Anzahl an Beitritten von ehemaligen Unabhängigen Sozialdemokraten eine nicht antisemitische Basis in der Partei vorhanden war.

Bei der KPD gilt besonders zu beachten, dass sie jüdische Gründungsmitglieder hatte. Paul Levi konnte sogar zum Vorsitzenden der KPD aufsteigen. Allerdings wurde er später aus der Partei ausgeschlossen. Dies hatte aber keiner antisemitischen, sondern nur politische Gründe. Damit kann man sagen, obwohl die KPD-nahe Zeitung ‚Rote Fahne' auch antisemitische Botschaften vermittelt hatte, wurden Juden in der Partei keinesfalls verachtet. Der KPD war der Klassenkampf und das Niederringen des Kapitalismus deutlich ernster.

Besonders hervorzuheben ist bei der KPD aber die Gründung mit jüdischen Gründungsmitgliedern, die es bis zum Parteivorsitz schafften, wenn auch nur kurz.

Die Sozialdemokraten haben den Antisemitismus nie zum Thema der Partei werden lassen. Die Partei distanzierte sich früh vom Antisemitismus. Auch die SPD Zeitung ‚Vorwärts' hat die Juden nicht zum Feind erklärt. Hierbei war der Feind der Kapitalist. Bei besagtem Kapitalisten war es irrelevant, ob es sich dabei um einen Juden oder einen Christen handelt. Auch die Politiker erklärten nicht die Juden zum Feind.

Trotz allem lässt sich sagen, dass der Antisemitismus im Jahr 1924 eher eine Randerscheinung in der deutschen Parteienlandschaft war. Außerdem waren auch die linksorientierten Zeitungen nicht voll davon. Auch wenn der Jude teilweise zum Feind des Arbeiters erklärt wurde, so ging es doch eigentlich um den Kapitalismus und dem damit einhergehenden Klassenkampf.

Literaturverzeichnis

- Bloch, Charles, Paul Levi- Ein Symbol der Tragödie des Linkssozialismus in der Weimarer Republik, in: Juden in der Weimarer Republik, Walter Grab (Hg.), Julius Schoeps (Hg.), Stuttgart/Bonn, 1986, S. 264.

- Jahr, Christoph, Schleichendes Gift, 2008, http://www.spiegel.de/spiegel/spiegelspecialgeschichte/d-55573690.html , 14.03.2017, 22:53

- Kessler, Mario, Die KPD und der Antisemitismus in der Weimarer Republik, in: UTOPIE kreativ, Heft 173, 2005, S. 225

- Kistenmacher, Olaf, Vom ‚Judas' zum ‚Judenkapital', in: Matthias Brosch (Hg.), Michael Elm (Hg.), Norman Geißler (Hg.), Brigitta E Simbürger (Hg.), Oliver von Wrochem (Hg.), Exklusive Solidarität: Linker Antisemitismus in Deutschland. Vom Idealismus zur Antiglobalisierungsbewegung, Berlin, 2007, S.85.

- Marx, Karl, Zur Judenfrage, in ders., Die Frühschriften, Siegfried Landshut (Hg.), Stuttgart, 1971, S. 201. Abgedruckt in: Rote Fahne 61, 14.03.1923.

- Sturm, Reinhard, Zwischen Festigung und Gefährdung 1924-1929, 2011, http://www.bpb.de/geschichte/nationalsozialismus/dossier-nationalsozialismus/39534/zwischen-festigung-und-gefaehrdung-1924-1929, 14.03.2017, 23:02

- Turich, Eckart, KPD, 2011, http://www.bpb.de/nachschlagen/lexika/pocket-politik/16470/kpd, 14.03.2017,22:56.

Abbildungsverzeichnis

- Völkisch- Sozialer Block, Der Drahtzieher- ein Jude, 1924, Stiftung Schloß Friedenstein Gotha: Museum für Regionalgeschichte und Volkskunde Schloß Friedenstein, http://www.museum-digital.de/thue/singleimage.php?objektnum=1588&imagenr=2302, 14.03.2017, 23:10

BEI GRIN MACHT SICH IHR WISSEN BEZAHLT

- Wir veröffentlichen Ihre Hausarbeit, Bachelor- und Masterarbeit

- Ihr eigenes eBook und Buch - weltweit in allen wichtigen Shops

- Verdienen Sie an jedem Verkauf

Jetzt bei www.GRIN.com hochladen und kostenlos publizieren